AF349910

VENTE AUX ENCHÈRES PUBLIQUES

des Lundi 29

& Mardi 30 Mars 1909

à Caen, SALLE DES VENTES

Boulevard St-Pierre, n° 2

à 1 heure. 1/2 de l'après-midi

MEUBLES & OBJETS

ANCIENS

Objets d'Art et de Curiosité

ARMES

Tableaux -- Gravures

Mᵉ Etienne GOMBEAUX

Commissaire-Priseur

Conditions de la Vente

Elle sera faite **au Comptant.**

Les acquéreurs paieront dix pour cent en sus du prix d'adjudication.

Les désignations du Catalogue ne sont qu'indicatives.

L'Exposition permettant au public de se rendre compte de la nature et de l'état des objets, il ne sera admis aucune réclamation une fois l'adjudication prononcée.

CATALOGUE

DES

MEUBLES & OBJETS

Anciens

OBJETS D'ART ET DE CURIOSITÉ

ARMES

Tableaux -- Gravures

DONT LA VENTE AURA LIEU A CAEN

A la requête de M^{llo} DENIS, propriétaire à Caen, rue Haute

Salle des Ventes du Boulevard Saint-Pierre, nº 2

Les LUNDI 29 & MARDI 30 MARS 1909, à 1 heure 1/2 de l'après-midi

---

Mc Etienne GOMBEAUX

Commissaire-Priseur

2, Boulevard Saint-Pierre, 2

EXPOSITION PUBLIQUE

Le Dimanche 28 Mars 1909, de 2 heures à 5 heures

Meubles et Objets Anciens
Objets d'Art et de Curiosité

1. Grand Cabinet en ébène, sur son pied, portes et tiroirs intérieurs ornés de peintures.
2. Meuble à quatre vantaux, époque XVᵉ siècle, en noyer sculpté, personnages et applications de marbre. (Rare).
3. Meuble Louis XIV, bois de Sainte-Lucie, filets de cuivre.
3 *bis*. Grand Bahut Louis XIII, très sculpté.
4. Bureau Louis XV, à quatre faces, garni de cuivres dorés.
5. Table de milieu, ovale, marqueterie bois des Iles.
6. Table de nuit ronde, époque Louis XVI, marqueterie bois des Iles.

---

7. Belle Pendule bronze doré, personnages, époque Louis XVI, sur socle de marbre blanc. (Hauteur : 0ᵐ50. Largeur : 0ᵐ45).
8. Pendule Louis XIV, marqueterie écaille et cuivre garnie bronzes avec socle. (Hauteur : 1ᵐ42).
9. Cartel, bronze doré, époque Louis XV. (Hauteur : 0ᵐ53).
10. Grand Plat en faïence vieux Rouen à riche lambrequin, camaïeu bleu. (Diamètre : 0ᵐ55).
11. Deux Potiches en faïence de Nevers avec couvercle.
12. Deux Candélabres, époque Louis XVI, Amours bronze supportant une torchère, sur socle de marbre blanc.
13. Une paire de Flambeaux en argent, époque Louis XIV.

14. Chenets bronze doré, Louis XVI, urnes et têtes de bélier.

14 *bis*. Chenets, époque Louis XIV, « Sphinx », sur socle cuivre doré.

15. Grand Plateau en argent massif ciselé.

16. Groupe bronze de Lechesne « Chasse au Faucon ».

17. Vierge en ivoire. (Hauteur : 0m45. Pièce rare).

18. Quatre Bustes en faïence de Rouen, décor polychrome « Les quatre Saisons ». (Hauteur : 0m70).

19. Deux grands Lions en faïence de Rouen. (Hauteur : 0m65).

20. Quatre Urnes de jardin en faïence de Rouen.

21. Grande Potiche en porcelaine de Chine avec couvercle. (Hauteur : 0m60).

22. Grande Potiche en porcelaine de Chine sans couvercle. (Hauteur : 0m58).

23. Baromètre Louis XVI, bois sculpté et doré.

24. Un Vase de nuit en argent vermeillé.

25. Une paire de Flambeaux girandoles, argentés, Louis XV.

26. Une paire de flambeaux Louis XIV, cuivre argenté.

27. Plat en faïence de Rouen.

28. Grand Plat faïence de Nevers, camaïeu bleu. (Diamètre : 0m58. Restauré).

29. Plat ovale Moustiers, décor de Bérin. (Restauré).

30. Un Plat creux en faïence de Nevers.

31. Un petit Plat ovale en faïence de Nevers. (Personnages).

32. Trois Plats en faïence italienne.

33. Un Plat à barbe en faïence de Rouen.

34. Un petit Plat en faïence de Nevers. (Personnages).

35. Plat en faïence italienne « L'Annonciation ».

36. Une Assiette en émail de Limoges.

37. Deux Compotiers en faïence de Strasbourg.

38. Six Assiettes en Nevers, décor polychrome.

39. Un sucrier à poudre, faïence D..t, décor polychrome.

40. Un petit Tonneau en faïence de Rouen, polychrome.

41. Dix Assiettes vieux Chantilly.

42. Quatre Assiettes Strasbourg.

43. Ecuelle avec couvercle (faïence mauresque).

44. Petite Ecuelle à anse, faïence italienne.

45. Ecuelle à deux anses, camaïeu bleu, Rouen.

46. Petit Plat ovale, terre émaillée, Pré-d'Auge.

47. Une Fontaine, terre émaillée, fond vert, motif en relief.

48. Deux Pichets en faïence représentant deux femmes.

49. Deux Bouteilles de pharmacie, décor polychrome, armorié.

50. Deux Cruchons en grès avec leurs couvercles en étain.

51. Une grande Cruche en grès, portant un écusson.

52. Un Cache-Pot en faïence de Rouen blanc.

53. Plat en faïence orientale.

54. Une Vierge en faïence de Rouen.

55. Une Statuette saint Jean-Baptiste, Rouen, décor polychrome.

56. Un Cartel Louis XV, en porcelaine blanche, et deux Flambeaux.

57. Chasuble avec personnages (XVIe siècle).

58. Jeu de Jaquet, de Dame, ancien (complet).

59. Statue en bois sculpté « Sainte-Anne ». (Hauteur : 1m50).

60. Cotte de mailles en fer (XVe siècle).

61. Mortier et Pilon en bronze, avec socle. — 1641.

62. Mortier et Pilon en bronze, avec socle. — 1644.

63. Sièges en porcelaine du Japon, forme tonneau. (Pièces rares).

64. Plaque ovale, bronze doré, « La Vierge et le Christ », XVIIe siècle.

65. Médaillon ovale, cadre à moulures, « Adoration des Mages ».

66. Médaillon ovale, « Buste de Femme », marbre bleu turquin.

67. Deux Plaques bronze, portraits, cadre bronze doré et ciselé.

68. Une Vielle ancienne.

69. Deux Vantaux, en bois peint, personnages religieux.

70. Médaillon bronze, portrait.

71. Cinq éventails.

72. Panneau Louis XIV, en bois sculpté et doré.

73. Un Ange en bois sculpté et doré.

74. Mouchettes en cuivre avec Porte-Mouchettes.

75. Un Casque romain et un Bouclier avec personnages.

76. Très ancienne Statue de pierre.

77. Tête de femme en marbre.

78. Instrument de musique « Serpent ».

79. Bois de Panoplie en chêne.

80. Trois Serrures de bahuts en fer forgé. (Gothique-Renaissance).

81. 4 Colonnes de support en stuc.

82. Un Ange et deux Groupes têtes d'anges, bois sculpté.

83. Lot de Cadres Louis XIV, bois sculpté et doré.

84. Groupe biscuit, « Judith ».

85. Six Cuillers étain Louis XIII, armoriées.

86. Peinture sur cuivre « Portrait d'homme ».

87. Petite peinture sur cuivre, « Cardinal ». — Médaillon ébène, « Bossuet ». — Petit Bas-Relief.

88. Deux Marbres de commode.

89. Grand Vase, Delft, forme bouteille, monture cuivre (Hauteur : 0m93).

Divers objets non catalogués.

Armes

90. Epée de cour, époque Louis XVI, avec fourreau, poignée en argent vermeillé.

91. Epée de cour, époque Louis XVI, poignée en argent.

92. Epée de cour, époque Louis XVI, poignée en argent.

93. Epée de cour, époque Louis XVI, lame triangulaire, poignée cuivre argenté.

94. Epée de cour, époque Louis XVI, poignée cuivre argenté.

95. Epée de cour, époque Louis XVI, garde acier poli.

96. Epée de cour, époque Louis XVI, poignée acier ciselé, repercé à jours.

97. Epée de cour, époque Louis XVI, poignée acier, repercé à jours.

98. Epée Louis-Philippe, poignée cuivre doré.

99. Epée Charles X.

100. Epée Empire.

101. Epée Charles X.

102. Epée Charles X.

103. Une Dague dite main gauche, repercée à jours.

104. Epée, poignée à torsade, coquille ajourée.

105. Rapière, XVI siècle, coquille ajourée, lame plate.

106. Grande Epée en fer trouvée dans la Seine. (XVe siècle).

107. Rapière, XVIe siècle, coquille ajourée, lame plate.

108. Epée à deux mains, XVIe siècle. (Pièce rare).

109. Deux Fers de Lance (dont une niellée or).

110. Amorçoire, corne garni argent gravé.

111. Couteau de chasse Louis XIV, poignée argent.

112. Deux petits Canon en acier poli.

113. Sabre de cavalerie avec fourreau.

114. Poignard Henri II.

115. Poignard Henri II, poignée torse.

116. Hallebardes et Fers de Hallebardes.

117. Main-Gauche en forme de lance.

118. Poignard oriental, fourreau argent, manche ivoire, ornements argent.

119. Dague, lame triangulaire, manche écaille torse.

120. Deux Couteaux, poignée incrustations argent.

121. Deux Poignards.

122. Couteau, poignée incrustations cuivre.

123. Couteau, manche corne, dans sa gaine.

124. Poignard avec fourreau en cuivre.

125. Poignard avec fourreau cuivre repoussé.

126. Fusil arabe, batterie à pierre.

127. Fusil kabyle, crosse ronde, garniture argent.

128. Fusil kabyle.

129. Fusil à rouet (XVIe siècle. Pièce rare).

130. Fusil de chasse, à pierre, crosse finement sculptée.

131. Fusil à air comprimé.

132. Fusil à pierre (XVIIe siècle).

133. Fusil de dame, à rouet (XVIe siècle).

134. Fusil à pierre, époque Louis XVI.

135. Fusil fin XVIe siècle, crosse incrustations ivoire.

136. Fusil à pierre.

137. Fusil à pierre Louis XVI, garniture argent. (Manufacture de Versailles).

138. Fusil à pierre, canon bronze.

139. Fusil à mèches

140. Masse d'armes en fer. (Pièce rare).

141. Hache d'armes. (Pièce rare).

142. Yatagan, fourreau en argent.

143. Une paire Pistolets à pierre.

144. Couteau de chasse, époque Louis XIV.

145. Couteau de chasse, manche ivoire strié.

146. Yatagan, fourreau en bois.

147. Couteau de chasse Louis XIV, manche pied de biche. (Dans le fourreau couteau et fourchette).

148. Couteau de chasse, poignée ivoire.

149 à 169. Sous ces numéros, diverses armes sauvages.

Tableaux

170 Deux grands et beaux tableaux, « Fleurs », cadre Louis XIV, bois sculpté et doré. (Cadre : hauteur, 1m15 ; largeur, 0m95).

171. Deux Tableaux, « Fruits », d'après Chardin, cadre Louis XIV, bois sculpté et doré.

172. Six Panneaux sur toile, « Personnages », (feuilles de paravent), attribués à Mignard.

173. Tête de jeune fille, d'après Greuze.

174. Portrait de dame, cadre Louis XIV, bois sculpté et doré.

175. Portrait de dame.

176. Portrait de jeune fille.

177. Portrait de dame avec manchon.

178. Grisaille, cadre avec fronton.

179. Tableau, « Dames et Seigneurs », cadre Louis XV, bois sculpté peint.

180. Marine, cadre Louis XV, bois sculpté et doré.

181. Portrait de dame avec chien.

182. Portrait de dame en costume de cour Louis XVI.

183. Portrait d'homme avec armure Louis XIV.

184. « Femme épluchant des légumes », cadre Louis XIV, bois sculpté et doré.

185. Paysage, cadre Louis XIV, bois sculpté et doré.

186. Portrait de dame, cadre Louis XIV, bois sculpté et doré.

187. « Guillaume-le-Conquérant ».

188. Marine, peinture sur toile.

189. Marine, peinture sur bois.

190. « Femme Normande », cadre bois sculpté.

191. Grisaille.

192. Portrait de dame tenant un oiseau.

193. Portrait d'homme tenant un livre, cadre Louis XIV, bois sculpté.

194. Portrait d'homme (époque Henri IV).

195. Portrait d'évêque sur soie, cadre Louis XIV, bois sculpté et doré.

196. Portrait de dame, cadre Louis XIV, bois sculpté et doré.

197. Nature morte, « Coquillages ».

198. Portrait de cardinal, cadre Louis XIV. (Hauteur : 1ᵐ60. Largeur : 1ᵐ06).

199. Portrait du cardinal Mazarin.

200. Portrait de religieuse, cadre bois sculpté et doré.

201. Portrait de femme tenant une houlette.

202. Deux marines, peinture sur toile.

203. Divertissement sur la glace, cadre Louis XIV, bois sculpté et doré.

204. Paysage, cadre Louis XIV, bois sculpté et doré.

205. Grand Tableau sur toile, sujet religieux, cadre doré.

206. Aquarelle, « Tête de vieille femme ».

207. Sous ce numéro : Divers tableaux non catalogués, deux Panneaux de chaise à porteur Louis XV, sujet « Personnages » et un Panneau bois sculpté « Résurrection de Lazare », nombreux personnages, cadre bois noir. (XVIᵉ siècle).

Gravures

Quatre gravures d'après Teniers :

208. *La Tentation de Saint-Antoine.* — 209. *Le Joueur.*
— 210. *Le jeu du Trou Madame.* — 211. *La
Coquette du Village.*

212. La Flagellation, d'après Van Dyck.

213. La Conversation galante, d'après Lancret.

Deux gravures d'après Rubens :

214. *Combat des Amazones sur un pont.* — 215. *Le
jardin de l'Amour.*

216. Les Noces de Cana, d'après Véronèse.

217. Un descendant d'Henri IV, d'après David.

Cinq gravures d'après Rembrandt :

218. *La leçon d'Anatomie.* — 219. *Maîtres et Élèves.* —
220. *Jésus devant ses Juges.* — 221. *Jacob bénis-
sant les enfants de Joseph.* — 222. *Les disciples
d'Emmaüs.*

223. Le Fanal exhaussé, d'après Vernet.

224. La Baigneuse surprise, gravure en couleurs,
d'après Boucher.

225. La Buvette des Cavaliers, d'après Wouwermans.

226. Constitution de l'Assemblée Générale, d'après
Moreau.

227. Proserpine, d'après J. Bérin.

Deux gravures de C. Huet.

228. *L'Organiste ambulant.* — 229. *Le Rémouleur.*

230. Paroles de David, d'après Mignard.

231. Le Chevreau, d'après Claude Gelée.

232. Quatre Gravures de Callot : Vues de l'ancien Paris.

233. Lancier, par de Neuville.

234. Suite de 12 gravures : « Vie de saint Vincent-de-Paul ».

235. Récréation des Bacchantes.

236. Le Jugement dernier.

237. Serment de Louis XIV à son sacre.

238. Gravure anglaise, « The Fishery ».

239. Vue de la foire de Beaucaire.

240. Bal masqué donné par Louis XIV.

241. Bal travesti donné par Louis XV.

242. Les quatre Eléments, gravures coloriées Louis XIV.

243. Lever de la lune.

244. Deux gravures italiennes : Le Christ mort sur les genoux de la Vierge. — Le Christ au tombeau.

245. Le coup de l'étrier.

246. Deux gravures anglaises coloriées.

247. Apothéose d'Isis.

248. La Cène.

249. Martyr de saint Etienne.

250. Saint Roch.

251. Fête champêtre.

252. 10 dessins à la Sanguine.

253. Gouache, cadre Louis XIV, doré et sculpté.

254. Le Dame de Charité, cadre sculpté et doré.

255. Le leçon de musique.

256. Agar dans le désert. — Jonas sortant de la baleine.

257. Ermine et le Berger. — Clorinthe et Tancrède.

258. Femme Normande.

259. La Danse et le Colin-Maillard.

260. Résurrection de Lazare.

261. Femme tenant un paon.

262. Deux gravures en couleur, cadre doré.

263. Ecrivain dictant sa pensée.

264. Louis le Bien-Aimé.

265. Sainte Marguerite.

266. Bacchus.

267. La double Surprise.

268. Le Passage de la Mer Rouge.

269. Gravure italienne.

270. Aquarelle.

271. Deux gravures sanguines.

272. Grande gravure sujet mythologique.

273. Corps de garde hollandais.

274. Gravure italienne.

275. L'Econome.

276. Le Passage du Jourdain.

277. Plan d'Amsterdam (XVIIe siècle).

278. Maximilien d'Autriche.

279. Henri de la Rochejaquelin.

280. Louis de Lescure.

281. La Reine de Saba visitant Salomon.

282. Fuite de Loth.

283. Saint Sébastien.

284. Cinq planches de la tapisserie de la Reine Mathilde.

285. Cavalier partant pour la Promenade.

286. Le Passage du Rhin.

287. Le Passage du Bac.

288. Au bord de la Rivière.

289. Sentier perdu.

290. La Pie.

291. Passe-temps.

292. Dans la Prairie.

293. Le Dépêche.

293. La Dépêche.

295. Envoi de la Ferme.
296. Allée de Pommiers.
297. Le Nid de l'Aigle.
298. La Bénédiction du Blé.
299. Le Printemps.
300. Daphnis et Chloé.
301. L'Appel des Girondins.
302. La Dispute.
303. Les Moutons.
    Quantité de bonnes Gravures.

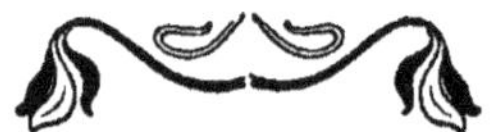

IMPR DU COMMERCE. — A. LE DOYTEUX, RUE DE BRAS, 27, CAEN